Impressum
Verlag: BABADADA GmbH, Nedderfeld 112 , 22529 Hamburg
Geschäftsführer / Verlagsleitung: Harald Hof
Druck: Books on Demand GmbH, In de Tarpen 42, 22848 Norderstedt

Imprint
Publisher: BABADADA GmbH, Nedderfeld 112 , 22529 Hamburg, Germany
Managing Director / Publishing direction: Harald Hof
Print: Books on Demand GmbH, In de Tarpen 42, 22848 Norderstedt, Germany

Klassenzimmer
salle de classe

dividieren
diviser

186/2

Tafel
tableau noir

Schulhof
cour de récréation

Lehrer
enseignant

Papier
papier

schreiben
écrire

Stift
stylo

Schreibtisch
bureau

Lineal
règle

Buch
livre

Schüler
élève

Schultasche

sac d'école

Federmappe

trousse

Bleistift

crayon

Bleistiftspitzer

taille-crayon

Radierer

gomme

Zeichenblock

carnet à dessin

Zeichnung

dessin

Pinsel

pinceau

Malkasten

boîte de peinture

Schere

ciseaux

Klebstoff

colle

Übungsheft

cahier d'exercices

Hausübung

tâches

Zahl

chiffre

addieren

additionner

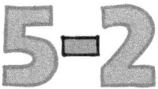

subtrahieren

soustraire

multiplizieren

multiplier

rechnen

calculer

Buchstabe

lettre

Alphabet

alphabet

Wort

mot

Schule - école

3

Text

texte

lesen

lire

Kreide

craie

Unterrichtsstunde

leçon

Klassenbuch

livre de classe

Prüfung

examen

Zeugnis

certificat

Schuluniform

uniforme scolaire

Ausbildung

formation

Lexikon

lexique

Universität

université

Mikroskop

microscope

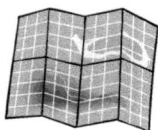

Karte

carte

Papierkorb

corbeille à papier

Hotel
hôtel

Herberge
auberge

Wechselstube
bureau de change

Koffer
valise

Auto
voiture

Sprache

langue

ja / nein

oui / non

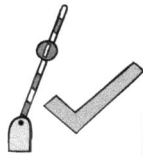

Okay

d'accord

Hallo

Salut

Dolmetscherin

interprète

Danke

merci

Wie viel kostet …?

Combien coûte...?

Ich verstehe nicht.

Je ne comprends pas

Problem

problème

Guten Abend!

Bonsoir!

Guten Morgen!

Bonjour!

Gute Nacht!

Bonne nuit!

Auf Wiederschaun!

Au revoir

Richtung

direction

Gepäck

bagages

Tasche

sac

Rucksack

sac-à-dos

Gast

hôte

Zimmer

pièce

Schlafsack

sac de couchage

Zelt

tente

Touristeninformation

office de tourisme

Strand

plage

Kreditkarte

carte de crédit

Frühstück

petit-déjeuner

Mittagessen

déjeuner

Abendessen

dîner

Fahrkarte

billet

Lift

ascenseur

Briefmarke

timbre

Grenze

frontière

Zoll

douane

Botschaft

ambassade

Visum

visa

Pass

passeport

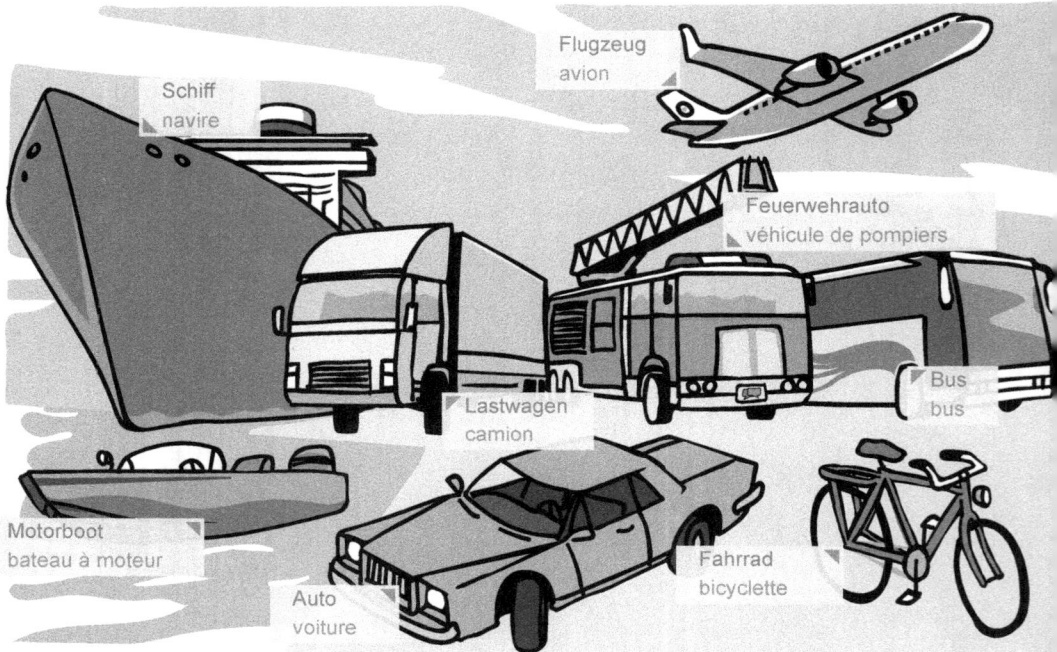

Flugzeug
avion

Schiff
navire

Feuerwehrauto
véhicule de pompiers

Bus
bus

Lastwagen
camion

Motorboot
bateau à moteur

Auto
voiture

Fahrrad
bicyclette

Fähre

ferry

Boot

barque

Motorrad

moto

Polizeiauto

voiture de police

Rennauto

voiture de course

Mietwagen

voiture de location

Carsharing

autopartage

Abschleppwagen

dépanneuse

Müllwagen

benne à ordures

Motor

moteur

Kraftstoff

essence

Tankstelle

station d'essence

Verkehrsschild

panneau indicateur

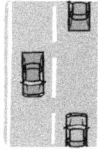

Verkehr

trafic

Stau

embouteillage

Parkplatz

parking

Bahnhof

gare

Schienen

rails

Zug

train

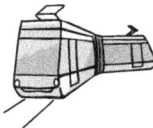

Straßenbahn

tram

Wagon

wagon

Hubschrauber

hélicoptère

Flughafen

aéroport

Tower

tour

Passagier

passager

Container

container

Karton

carton

Rollwagen

chariot

Korb

corbeille

starten / landen

décoller / atterrir

Stadt
ville

Dorf

village

Stadtzentrum

centre-ville

Haus

maison

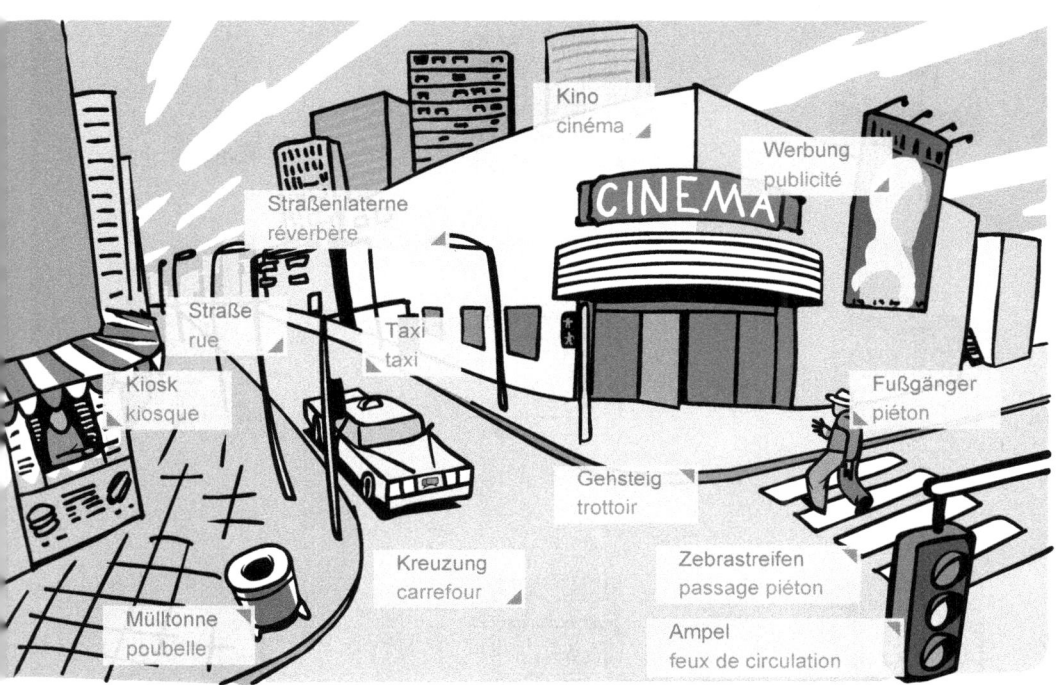

Kino
cinéma

Werbung
publicité

Straßenlaterne
réverbère

Straße
rue

Taxi
taxi

Kiosk
kiosque

Fußgänger
piéton

Gehsteig
trottoir

Kreuzung
carrefour

Zebrastreifen
passage piéton

Mülltonne
poubelle

Ampel
feux de circulation

Hütte

cabane

Wohnung

appartement

Bahnhof

gare

Rathaus

mairie

Museum

musée

Schule

école

Stadt - ville

Universität

université

Bank

banque

Spital

hôpital

Hotel

hôtel

Apotheke

pharmacie

Büro

bureau

Buchhandlung

librairie

Geschäft

magasin

Blumenladen

fleuriste

Supermarkt

supermarché

Markt

marché

Kaufhaus

grand magasin

Fischhändler

poissonnerie

Einkaufszentrum

centre commercial

Hafen

port

Park

parc

Bank

banque

Brücke

pont

Stiege

escaliers

U-Bahn

métro

Tunnel

tunnel

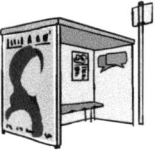

Bushaltestelle

arrêt de bus

Bar

bar

Restaurant

restaurant

Briefkasten

boîte à lettres

Straßenschild

panneau indicateur

Parkuhr

parcomètre

Zoo

zoo

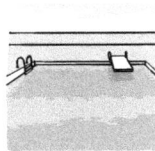

Badeanstalt

réverbère

Moschee

mosquée

Bauernhof
ferme

Umweltverschmutzung
pollution

Friedhof
cimetière

Kirche
église

Spielplatz
aire de jeux

Tempel
temple

Landschaft
paysage

Blatt
feuille

Wegweiser
panneau indicateur

Weg
chemin

Wiese
pré

Stein
pierre

Baum
arbre

Wanderer
randonneur

Fluss
rivière

Gras
herbe

Blume
fleur

Tal
vallée

Hügel
montagne

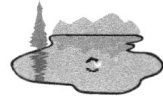

See
lac

Wald
forêt

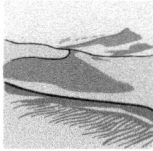

Wüste
désert

Vulkan
volcan

Schloss
château

Regenbogen
arc-en-ciel

Pilz
champignon

Palme
palmier

Moskito
moustique

Fliege
mouche

Ameise
fourmis

Biene
abeille

Spinne
araignée

Käfer

scarabée

Frosch

grenouille

Eichhörnchen

écureuil

Igel

hérisson

Hase

lapin

Eule

chouette

Vogel

oiseau

Schwan

cygne

Wildschwein

sanglier

Hirsch

cerf

Elch

élan

Staudamm

barrage

Windrad

éolienne

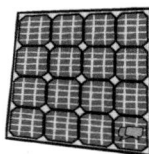

Solarmodul

panneau solaire

Klima

climat

Kellner
serveur

Speisekarte
menu

Sessel
chaise

Suppe
soupe

Pizza
pizza

Besteck
services

Tischdecke
nappe

Vorspeise
hors d'œuvre

Hauptgericht
plat principal

Nachspeise
dessert

Getränke
boissons

Essen
alimentation

Flasche
bouteille

Fastfood

fast-food

Streetfood

plats à emporter

Teekanne

théière

Zuckerdose

sucrier

Portion

portion

Espressomaschine

machine à expresso

Kinderstuhl

chaise haute

Rechnung

facture

Tablett

plateau

Messer

couteau

Gabel

fourchette

Löffel

cuillère

Teelöffel

cuillère à thé

Serviette

serviette

Glas

verre

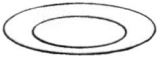

Teller

assiette

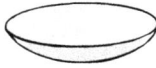

Suppenteller

assiette à soupe

Untertasse

soucoupe

Sauce

sauce

Salzstreuer

salière

Pfeffermühle

moulin à poivre

Essig

vinaigre

Öl

huile

Gewürze

épices

Ketchup

ketchup

Senf

moutarde

Mayonnaise

mayonnaise

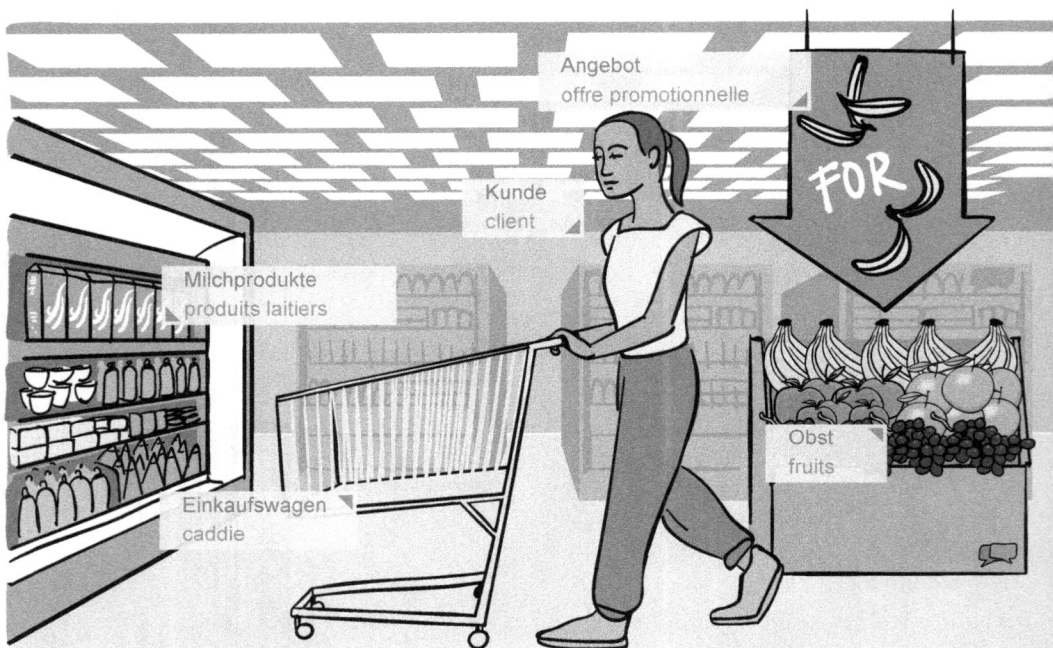

Angebot
offre promotionnelle

Kunde
client

Milchprodukte
produits laitiers

Obst
fruits

Einkaufswagen
caddie

Schlachterei

boucherie

Bäckerei

boulangerie

wiegen

peser

Gemüse

légumes

Fleisch

viande

Tiefkühlkost

aliments surgelés

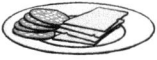

Aufschnitt

charcuterie

Konserven

conserves

Waschmittel

poudre à lessive

Süßigkeiten

bonbons

Haushaltsartikel

articménagers

Reinigungsmittel

détergents

Verkäuferin

vendeuse

Kassa

caisse

Kassiererin

caissier

Einkaufsliste

liste d'achats

Öffnungszeiten

heures d'ouverture

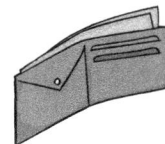

Brieftasche

portefeuille

Kreditkarte

carte de crédit

Tasche

sac

Plastiktüte

sac en plastique

Wasser

eau

Saft

jus de fruit

Milch

lait

Cola

coca

Wein

vin

Bier

bière

Alkohol

alcool

Kakao

chocolat chaud

Tee

thé

Kaffee

café

Espresso

expresso

Cappuccino

cappuccino

Banane
banane

Apfel
pomme

Orange
orange

Melone
melon

Zitrone
citron

Karotte
carotte

Knoblauch
ail

Bambus
bambou

Zwiebel
oignon

Pilz
champignon

Nüsse
noisettes

Nudeln
pâtes

Spaghetti

spaghettis

Reis

riz

Salat

salade

Pommes frites

frites

Bratkartoffeln

pommes de terre rôties

Pizza

pizza

Hamburger

hamburger

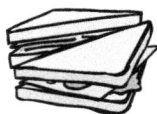

Sandwich

sandwich

Schnitzel

escalope

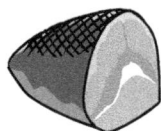

Schinken

jambon

Salami

salami

Wurst

saucisse

Huhn

poulet

Braten

rôti

Fisch

poisson

Haferflocken

flocons d'avoine

Müsli

muesli

Cornflakes

cornflakes

Mehl

farine

Croissant

croissant

Semmel

petits-pains

Brot

pain

Toast

pain grillé

Kekse

biscuits

Butter

beurre

Topfen

fromage blanc

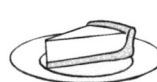

Kuchen

gâteau

Ei

œuf

Spiegelei

œuf au plat

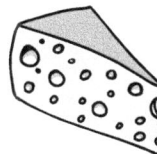

Käse

fromage

Eiscreme

glace

Zucker

sucre

Honig

miel

Marmelade

confiture

Schokoladenaufstrich

crème nougat

Curry

curry

Bauernhaus
ferme

Scheune
grange

Strohballen
botte de paille

Feld
champ

Pferd
cheval

Anhänger
remorque

Fohlen
poulain

Traktor
tracteur

Esel
âne

Lamm
agneau

Schaf
mouton

Ziege

chèvre

Kuh

vache

Kalb

veau

Schwein

porc

Ferkel

porcelet

Stier

taureau

Gans

oie

Ente

canard

Küken

poussin

Huhn

poule

Hahn

coq

Ratte

rat

Katze

chat

Maus

souris

Ochse

bœuf

Hund

chien

Hundehütte

chenil

Gartenschlauch

tuyau de jardin

Gießkanne

arrosoir

Sense

faucheuse

Pflug

charrue

Sichel

faucille

Hacke

pioche

Mistgabel

fourche

Axt

hache

Schubkarre

brouette

Trog

cuve

Milchkanne

pot à lait

Sack

sac

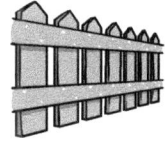

Zaun

clôture

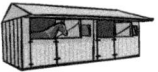

Stall

étable

Treibhaus

serre

Boden

sol

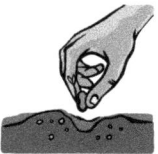

Saat

semences

Dünger

engrais

Mähdrescher

moissonneuse-batteuse

ernten

récolter

Ernte

récolte

Yamswurzel

igname

Weizen

blé

Soja

soja

Erdapfel

pomme de terre

Mais

maïs

Raps

colza

Obstbaum

arbre fruitier

Maniok

manioc

Getreide

céréales

Schornstein
cheminée

Dach
toit

Regenrinne
gouttière

Fenster
fenêtre

Garage
garage

Klingel
sonnette

Tür
porte

Abfallkübel
poubelle

Briefkasten
boîte aux lettres

Garten
jardin

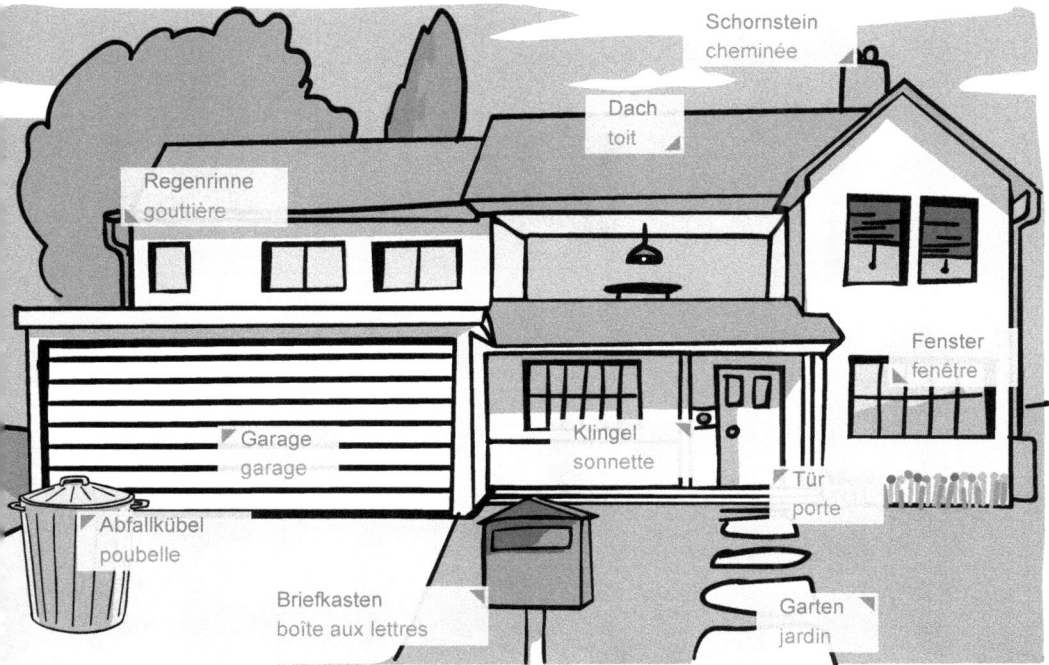

Wohnzimmer
salon

Badezimmer
chambre de bain

Küche
cuisine

Schlafzimmer
chambre à coucher

Kinderzimmer
chambre d'enfant

Esszimmer
salle à manger

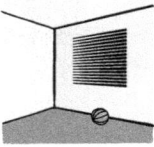

Boden

sol

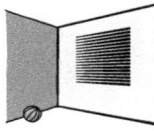

Wand

mur

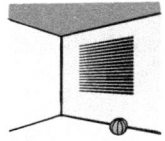

Decke

plafond

Keller

cave

Sauna

sauna

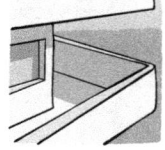

Balkon

balcon

Terrasse

terrasse

Schwimmbad

piscine

Rasenmäher

tondeuse à gazon

Bettbezug

fourre de duvet

Bettdecke

couette

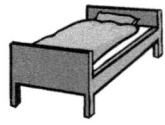

Bett

lit

Besen

balai

Kübel

sceau

Schalter

interrupteur

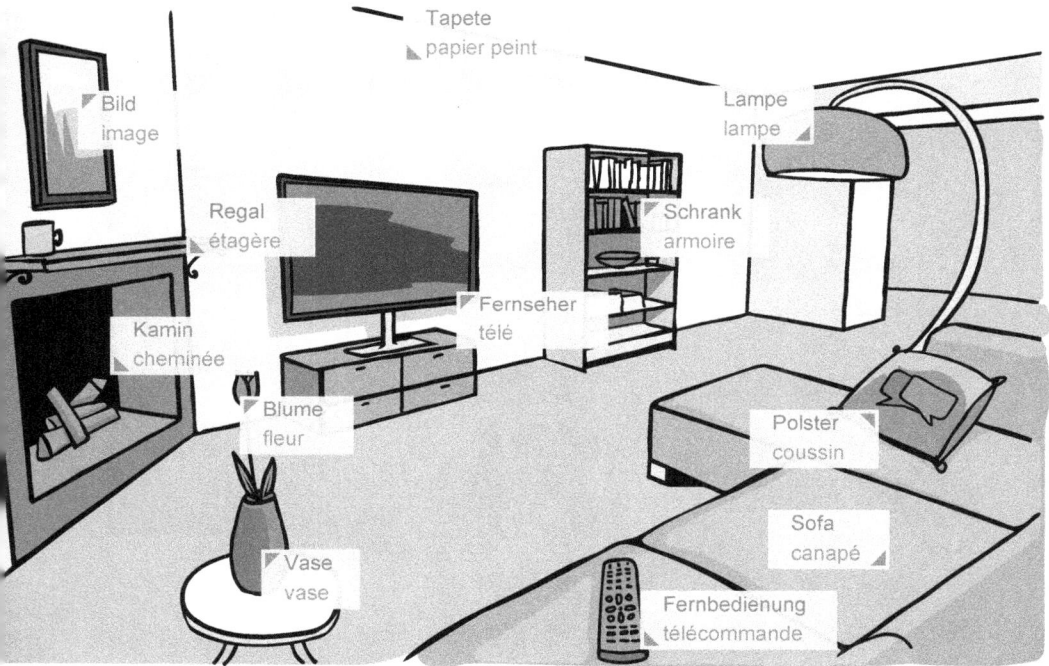

Tapete
papier peint

Bild
image

Lampe
lampe

Regal
étagère

Schrank
armoire

Fernseher
télé

Kamin
cheminée

Blume
fleur

Polster
coussin

Sofa
canapé

Vase
vase

Fernbedienung
télécommande

Teppich	Vorhang	Tisch
tapis	rideau	table

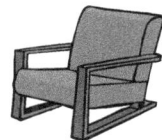

Sessel	Schaukelstuhl	Sessel
chaise	chaise à bascule	fauteuil

Buch

livre

Decke

couverture

Dekoration

décoration

Feuerholz

bois de chauffage

Film

film

Stereoanlage

chaîne hi-fi

Schlüssel

clé

Zeitung

journal

Gemälde

peinture

Poster

poster

Radio

radio

Notizblock

bloc-notes

Staubsauger

aspirateur

Kaktus

cactus

Kerze

bougie

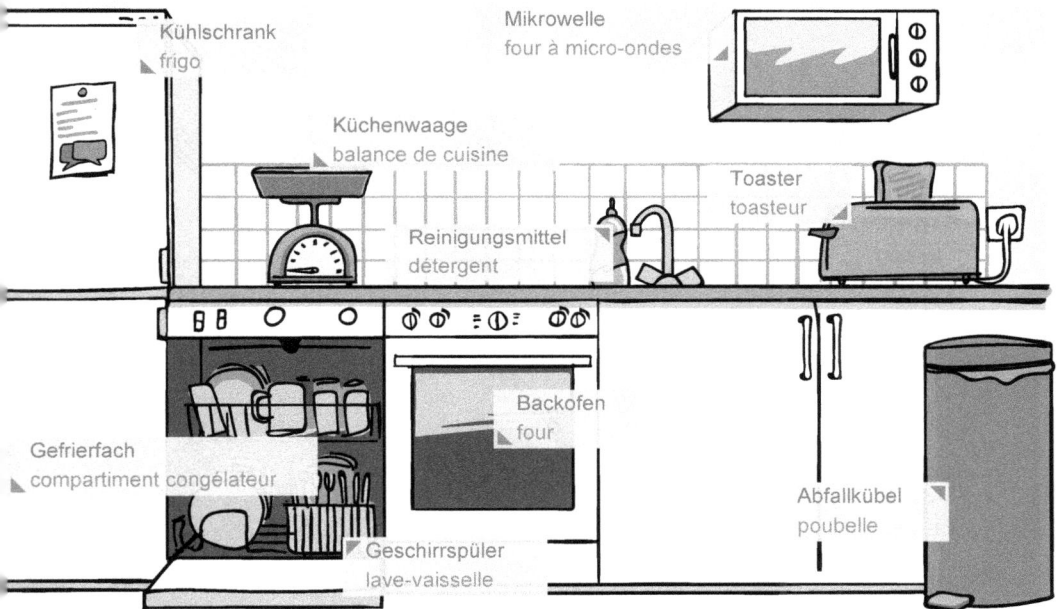

Kühlschrank
frigo

Mikrowelle
four à micro-ondes

Küchenwaage
balance de cuisine

Toaster
toasteur

Reinigungsmittel
détergent

Backofen
four

Gefrierfach
compartiment congélateur

Abfallkübel
poubelle

Geschirrspüler
lave-vaisselle

Herd

four

Topf

casserole

Eisentopf

marmite

Wok / Kadai

wok/kadai

Pfanne

poêle

Wasserkocher

bouilloire électrique

Dampfgarer

cuiseur vapeur

Backblech

plaque de cuisson

Geschirr

vaisselle

Becher

gobelet

Schale

bol

Essstäbchen

baguettes

Schöpflöffel

louche

Pfannenwender

spatule

Schneebesen

fouet

Kochsieb

passoire

Sieb

tamis

Reibe

râpe

Mörser

mortier

Grill

barbecue

Kaminfeuer

cheminée

Schneidebrett

planche à découper

Nudelholz

rouleau à pâtisserie

Korkenzieher

tire-bouchon

Dose

boîte

Dosenöffner

ouvre-boîte

Topflappen

maniques

Waschbecken

lavabo

Bürste

brosse

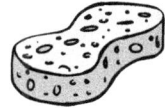

Schwamm

éponge

Mixer

mixeur

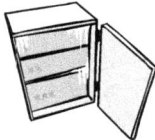

Gefriertruhe

congélateur

Babyflasche

biberon

Wasserhahn

robinet

Dusche
douche

Heizung
chauffage

Handtuch
serviette

Duschvorhang
rideau de douche

Schaumbad
bain moussant

Badewanne
baignoire

Glas
verre

Waschmaschine
machine à laver

Wasserhahn
robinet

Fliesen
carrelage

Nachttopf
pot

Waschbecken
lavabo

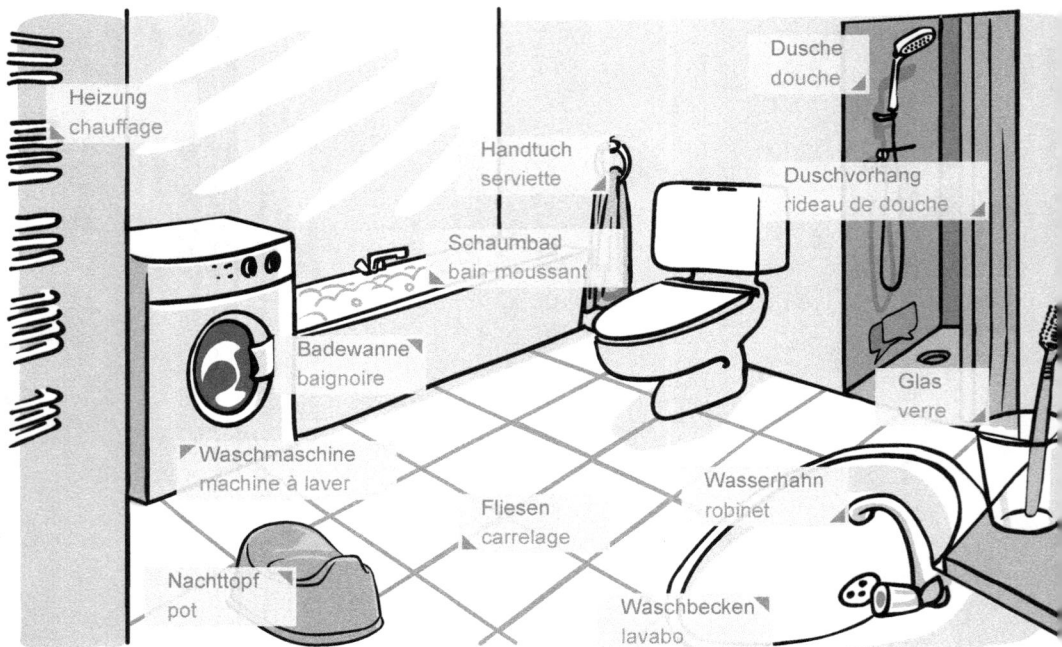

Klo
toilettes

Hocktoilette
toilette à turque

Bidet
bidet

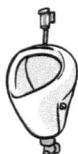

Pissoir
urinoir

Klopapier
papier toilette

Klobürste
brosse à toilette

Zahnbürste

brosse à dents

Zahnpasta

dentifrice

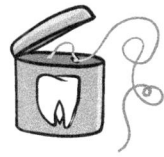

Zahnseide

fil dentaire

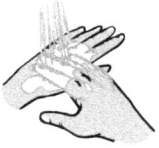

waschen

laver

Handbrause

douche manuelle

Intimdusche

douche intime

Waschschüssel

vasque

Rückenbürste

brosse dorsale

Seife

savon

Duschgel

gel douche

Shampoo

shampooing

Waschlappen

gant de toilette

Abfluss

écoulement

Creme

crème

Deodorant

déodorant

Spiegel

miroir

Kosmetikspiegel

miroir cosmétique

Rasierer

rasoir

Rasierschaum

mousse à raser

Rasierwasser

après-rasage

Kamm

peigne

Bürste

brosse

Föhn

sèche-cheveux

Haarspray

laque pour cheveux

Makeup

fond de teint

Lippenstift

rouge à lèvres

Nagellack

vernis à ongles

Watte

ouate

Nagelschere

coupe-ongles

Parfum

parfum

Kulturbeutel

trousse de toilette

Hocker

tabouret

Waage

balance

Bademantel

peignoir

Gummihandschuhe

gants de nettoyage

Tampon

tampon

Damenbinde

serviettes hygiéniques

Chemietoilette

toilette chimique

Kinderzimmer
chambre d'enfant

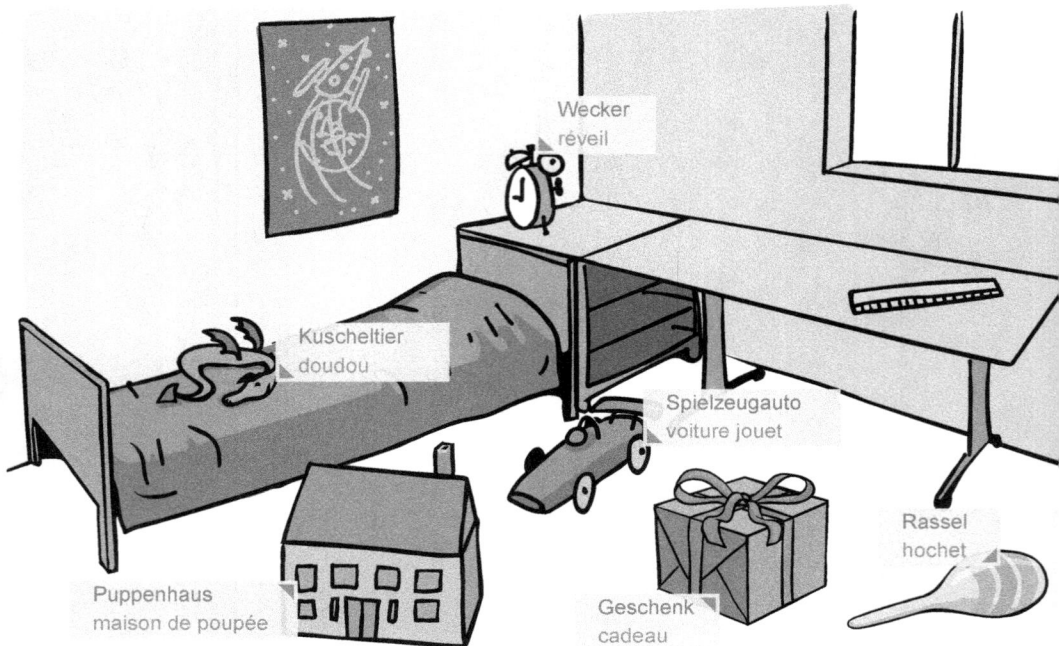

Wecker
réveil

Kuscheltier
doudou

Spielzeugauto
voiture jouet

Rassel
hochet

Puppenhaus
maison de poupée

Geschenk
cadeau

Ballon

ballon

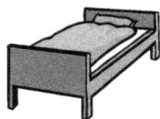

Bett

lit

Kinderwagen

poussette

Kartenspiel

jeu de cartes

Puzzle

puzzle

Comic

bande dessinée

Legosteine

pièces lego

Bausteine

blocs de construction

Actionfigur

figurine

Strampelanzug

grenouillère

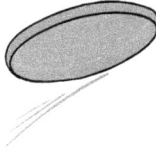

Frisbee

frisbee

Mobile

mobile

Brettspiel

jeu de société

Würfel

dé

Modelleisenbahn

train miniature

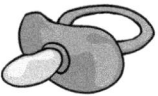

Schnuller

sucette

Party

fête

Bilderbuch

livre d'images

Ball

balle

Puppe

poupée

spielen

jouer

Sandkasten

bac à sable

Schaukel

balançoire

Spielzeug

jouets

Spielkonsole

console de jeu

Dreirad

tricycle

Teddy

ours en peluche

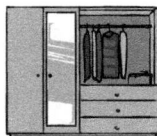

Kleiderschrank

armoire

Kleidung

vêtements

Socken

chaussettes

Strümpfe

bas

Strumpfhose

collant

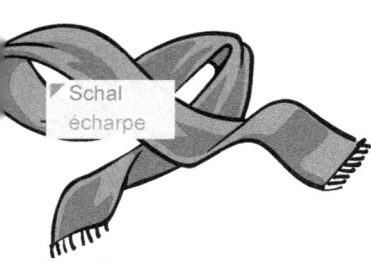

Schal
écharpe

Regenschirm
parapluie

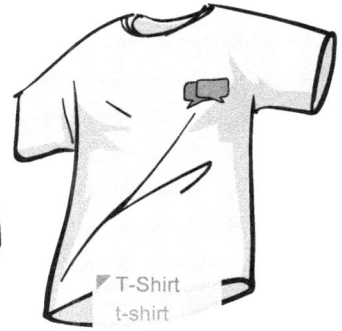

T-Shirt
t-shirt

Gürtel
ceinture

Stiefel
bottes

Hausschuhe
pantoufles

Turnschuhe
baskets

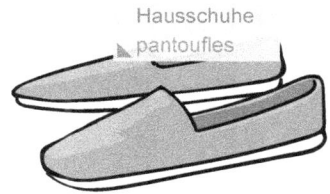

Sandalen

sandales

Schuhe

chaussures

Gummistiefel

bottes de caoutchouc

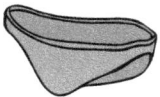

Unterhose

linge de corps

Büstenhalter

soutien-gorge

Unterhemd

maillot de corps

Body

body

Hose

pantalon

Jeans

jean

Rock

jupe

Bluse

chemisier

Hemd

chemise

Pullover

pull

Kapuzenpullover

pull-over à capuche

Blazer

veste

Jacke

veste

Mantel

manteau

Regenmantel

imperméable

Kostüm

costume

Kleid

robe

Hochzeitskleid

robe de mariée

Anzug

costume

Nachthemd

chemise de nuit

Pyjama

pyjama

Sari

sari

Kopftuch

foulard

Turban

turban

Burka

burqa

Kaftan

caftan

Abaya

abaya

Badeanzug

maillot de bain

Badehose

costume de bain

kurze Hose

cuissettes

Jogginganzug

tenue d'entraînement

Schürze

tablier

Handschuhe

gants

Knopf

bouton

Brille

lunettes

Armband

bracelet

Halskette

collier

Ring

bague

Ohrring

boucle d'oreille

Mütze

bonnet

Kleiderbügel

cintre

Hut

chapeau

Krawatte

cravate

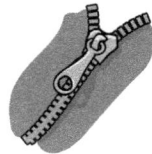

Reißverschluss

fermeture éclair

Helm

casque

Hosenträger

bretelles

Schuluniform

uniforme scolaire

Uniform

uniforme

Lätzchen

bavoir

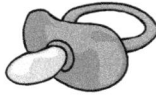

Schnuller

sucette

Windel

couche

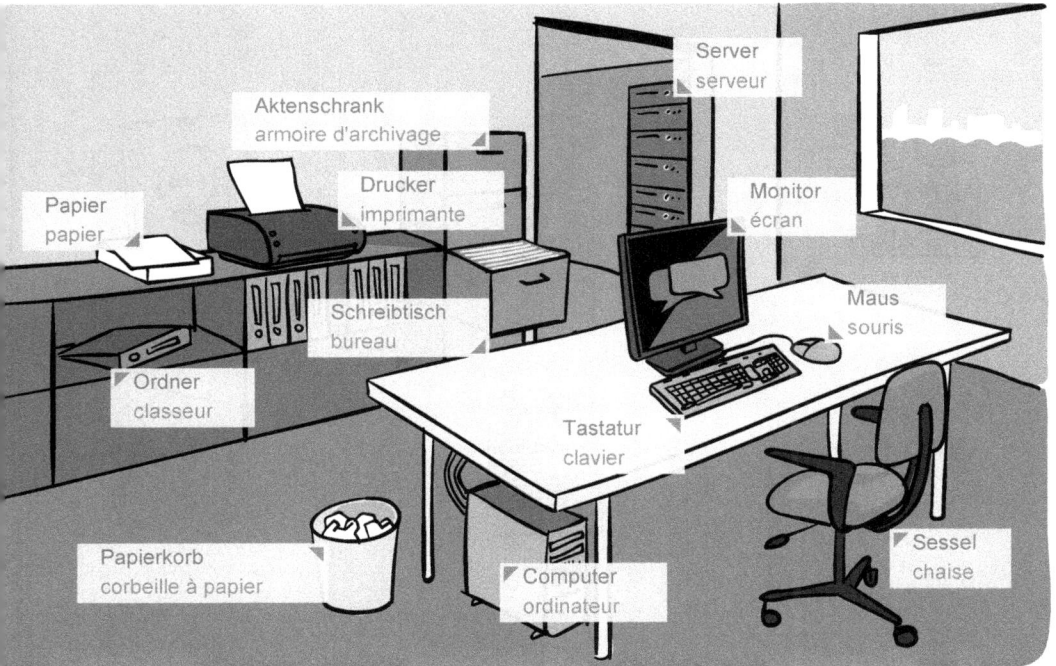

Server
serveur

Aktenschrank
armoire d'archivage

Drucker
imprimante

Monitor
écran

Papier
papier

Maus
souris

Schreibtisch
bureau

Ordner
classeur

Tastatur
clavier

Papierkorb
corbeille à papier

Sessel
chaise

Computer
ordinateur

Kaffeebecher

tasse à café

Taschenrechner

calculatrice

Internet

internet

Laptop

ordinateur portable

Brief

lettre

Nachricht

message

Handy

portable

Netzwerk

réseau

Kopierer

photocopieuse

Software

logiciel

Telefon

téléphone

Steckdose

prise

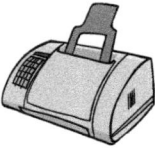

Fax

fax

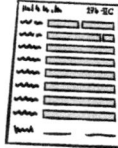

Formular

formulaire

Dokument

document

kaufen

acheter

bezahlen

payer

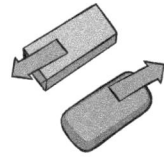

handeln

marchander

Geld

monnaie

Dollar

dollar

Euro

euro

Yen

yen

Rubel

rouble

Franken

franc suisse

Renminbi Yuan

renminbi yuan

Rupie

roupie

Bankomat

distributeur automatique

Wechselstube

bureau de change

Gold

or

Silber

argent

Öl

pétrole

Energie

énergie

Preis

prix

Vertrag

contrat

Steuer

taxe

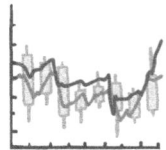

Aktie

action

arbeiten

travailler

Angestellte

employé

Arbeitgeber

employeur

Fabrik

usine

Geschäft

magasin

Polizist
agent de police

Feuerwehrmann
pompier

Koch
cuisinier

Ärztin
médecin

Pilot
pilote

Gärtner
jardinier

Tischler
menuisier

Schneiderin
couturière

Richter
juge

Chemikerin
chimiste

Schauspieler
acteur

Busfahrer

conducteur de bus

Taxifahrer

chauffeur de taxi

Fischer

pêcheur

Putzfrau

femme de ménage

Dachdecker

couvreur

Kellner

serveur

Jäger

chasseur

Maler

peintre

Bäcker

boulanger

Elektriker

électricien

Bauarbeiter

ouvrier

Ingenieur

ingénieur

Schlachter

boucher

Installateur

plombier

Briefträgerin

facteur

Soldat

soldat

Architekt

architecte

Kassiererin

caissier

Blumenhändlerin

fleuriste

Friseur

coiffeur

Schaffner

contrôleur

Mechaniker

mécanicien

Kapitän

capitaine

Zahnärztin

dentiste

Wissenschaftler

scientifique

Rabbi

rabbin

Imam

imam

Mönch

moine

Pfarrer

prêtre

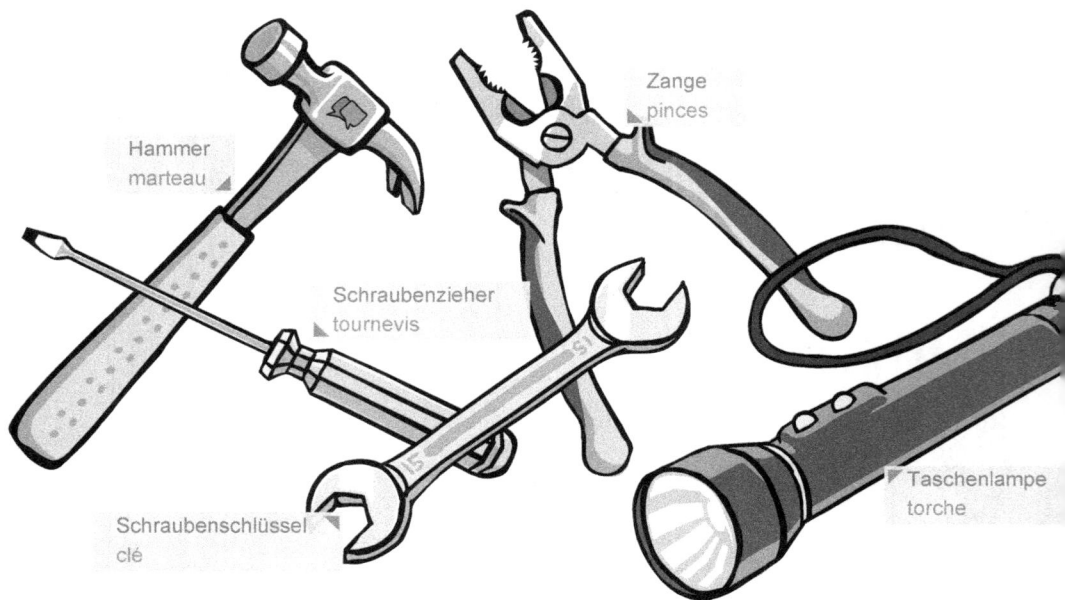

Hammer
marteau

Zange
pinces

Schraubenzieher
tournevis

Schraubenschlüssel
clé

Taschenlampe
torche

Bagger

pelleteuse

Werkzeugkasten

boîte à outils

Leiter

échelle

Säge

scie

Nägel

clous

Bohrer

perceuse

reparieren

réparer

Schaufel

pelle

Scheiße!

Mince!

Kehrschaufel

pelle

Farbtopf

pot de peinture

Schrauben

vis

Musikinstrumente
instruments de musique

Schlagzeug
batterie

Lautsprecher
haut-parleur

Gitarre
guitare

Kontrabass
contrebasse

Trompete
trompette

Klavier
piano

Violine
violon

Bass
basse

Pauke
timbales

Trommeln
tambour

Tastatur
piano électrique

Saxophon
saxophone

Flöte
flûte

Mikrofon
microphone

Eingang
entrée

Tiger
tigre

Käfig
cage

Zebra
zèbre

Tierfutter
alimentation animale

Panda
panda

Tiere

animaux

Elefant

éléphant

Känguru

kangourou

Nashorn

rhinocéros

Gorilla

gorille

Bär

ours

Kamel

chameau

Strauß

autruche

Löwe

lion

Affe

singe

Flamingo

flamand rose

Papagei

perroquet

Eisbär

ours polaire

Pinguin

pingouin

Hai

requin

Pfau

paon

Schlange

serpent

Krokodil

crocodile

Zoowärter

gardien de zoo

Robbe

phoque

Jaguar

jaguar

Pony

poney

Leopard

léopard

Nilpferd

hippopotame

Giraffe

girafe

Adler

aigle

Wildschwein

sanglier

Fisch

poisson

Schildkröte

tortue

Walross

morse

Fuchs

renard

Gazelle

gazelle

American Football
american Football

Radfahren
cyclisme

Tennis
tennis

Basketball
basket-ball

Schwimmen
natation

Eishockey
hockey sur glace

Boxen
boxe

Fußball
football

Badminton
badminton

Leichtathletik
athlétisme

Handball
handball

Skifahren
ski

Polo
polo

springen
sauter

umarmen
embrasser

lachen
rire

gehen
marcher

singen
chanter

träumen
rêver

beten
prier

küssen
faire la bise

schreiben
écrire

zeichnen
dessiner

zeigen
montrer

drücken
pousser

geben
donner

nehmen
prendre

haben

avoir

machen

faire

sein

être

stehen

être debout

laufen

courir

ziehen

trier

werfen

jeter

fallen

tomber

liegen

être couché

warten

attendre

tragen

porter

sitzen

être assis

anziehen

s'habiller

schlafen

dormir

aufwachen

se réveiller

ansehen

regarder

weinen

pleurer

streicheln

caresser

frisieren

peigner

reden

parler

verstehen

comprendre

fragen

demander

hören

écouter

trinken

boire

essen

manger

zusammenräumen

ranger

lieben

aimer

kochen

cuire

fahren

conduire

fliegen

voler

segeln

faire de la voile

rechnen

calculer

lesen

lire

lernen

apprendre

arbeiten

travailler

heiraten

se marier

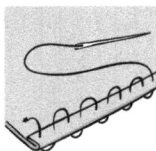

nähen

coudre

Zähne putzen

se brosser les dents

töten

tuer

rauchen

fumer

senden

envoyer

Großmutter
grand-mère

Großvater
grand-père

Vater
père

Mutter
mère

Baby
bébé

Tochter
fille

Sohn
fils

Gast

hôte

Tante

tante

Onkel

oncle

Bruder

frère

Schwester

sœur

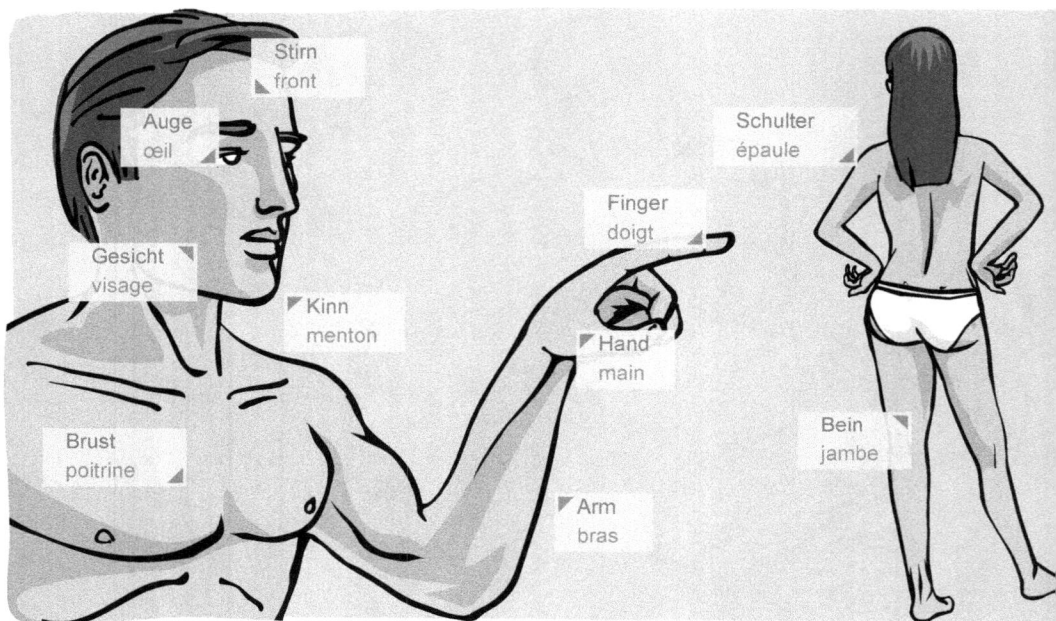

Stirn
front

Auge
œil

Schulter
épaule

Finger
doigt

Gesicht
visage

Kinn
menton

Hand
main

Brust
poitrine

Bein
jambe

Arm
bras

Baby
bébé

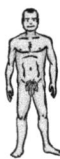

Mann
homme

Frau
femme

Mädchen
fille

Junge
garçon

Kopf
tête

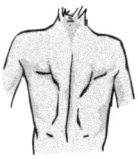

Rücken

dos

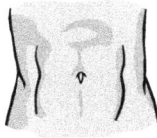

Bauch

ventre

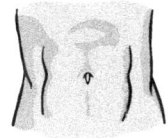

Nabel

nombril

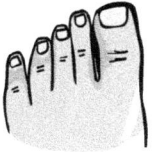

Zeh

orteil

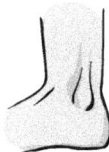

Ferse

talon

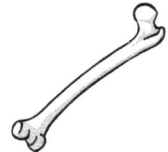

Knochen

os

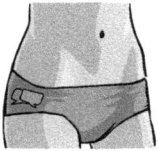

Hüfte

hanche

Knie

genou

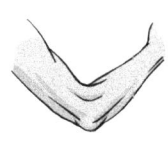

Ellbogen

coude

Nase

nez

Gesäß

fesses

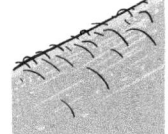

Haut

peau

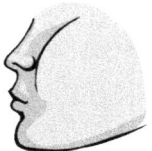

Wange

joue

Ohr

oreille

Lippe

lèvre

Mund

bouche

Zahn

dent

Zunge

langue

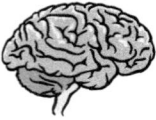

Gehirn

cerveau

Herz

cœur

Muskel

muscle

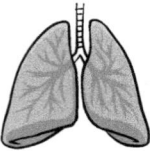

Lunge

poumons

Leber

foie

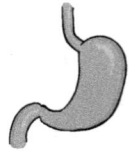

Magen

estomac

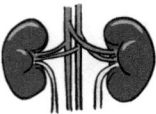

Nieren

reins

Geschlechtsverkehr

rapport sexuel

Kondom

préservatif

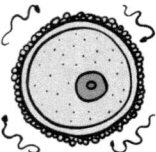

Eizelle

ovule

Sperma

sperme

Schwangerschaft

grossesse

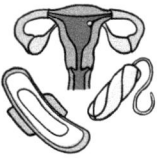

Menstruation

menstruation

Vagina

vagin

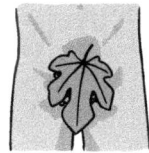

Penis

pénis

Augenbraue

sourcil

Haar

cheveux

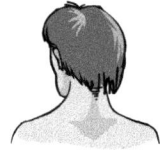

Hals

cou

Spital
hôpital

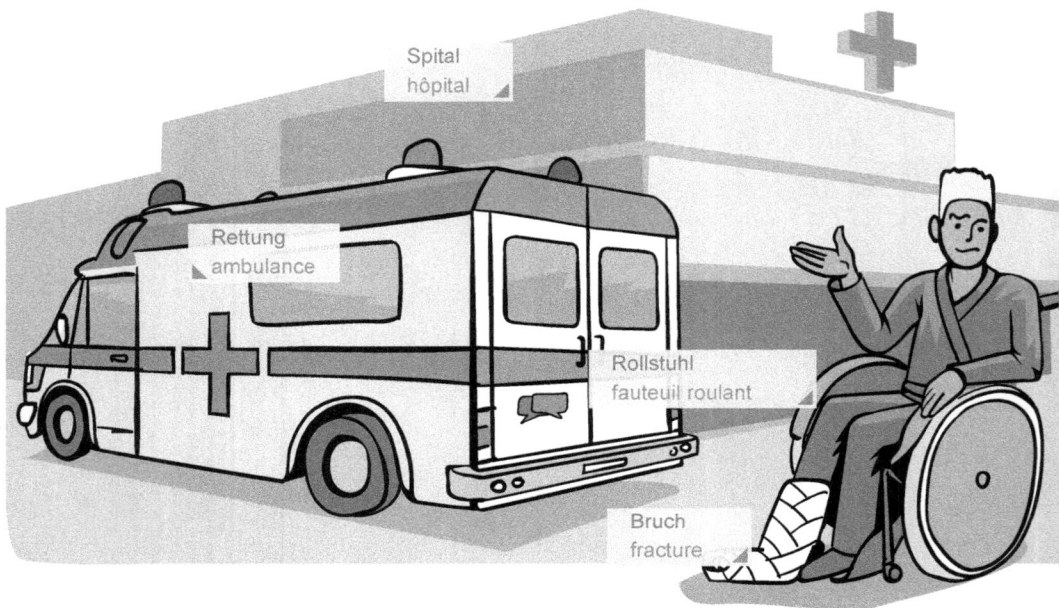

Spital
hôpital

Rettung
ambulance

Rollstuhl
fauteuil roulant

Bruch
fracture

Ärztin
médecin

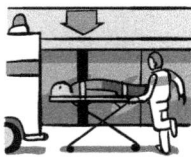

Notaufnahme
service des urgences

Krankenschwester
infirmière

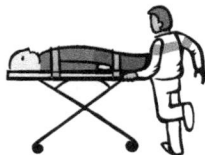

Notfall
urgence

ohnmächtig
inconscient

Schmerz
douleur

Verletzung

blessure

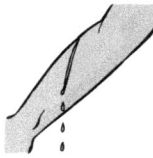

Blutung

hémorragie

Herzinfarkt

crise cardiaque

Schlaganfall

attaque cérébrale

Allergie

allergie

Husten

toux

Fieber

fièvre

Grippe

grippe

Durchfall

diarrhée

Kopfschmerzen

mal de tête

Krebs

cancer

Diabetes

diabète

Chirurg

chirurgien

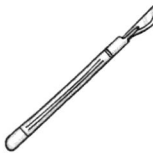

Skalpell

scalpel

Operation

opération

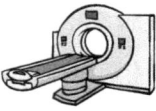

CT

CT

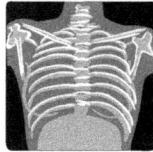

Röntgen

radiographie

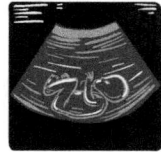

Ultraschall

échographie

Maske

masque

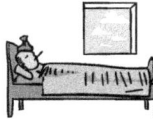

Krankheit

maladie

Wartezimmer

salle d'attente

Krücke

béquille

Pflaster

pansement

Verband

pansement

Injektion

injection

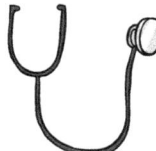

Stethoskop

stéthoscope

Trage

brancard

Thermometer

thermomètre

Geburt

accouchement

Übergewicht

surpoids

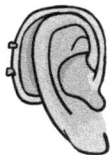

Hörgerät

appareil auditif

Desinfektionsmittel

désinfectant

Infektion

infection

Virus

virus

HIV / AIDS

VIH / sida

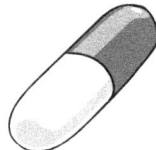

Medizin

médicament

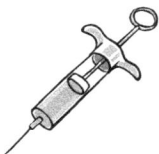

Impfung

vaccination

Tabletten

tablettes

Pille

pilule

Notruf

appel d'urgence

Blutdruckmesser

tensiomètre

krank / gesund

malade / sain

Hilfe!

Au secours!

Alarm

alarme

Überfall

agression

Angriff

attaque

Gefahr

danger

Notausgang

sortie de secours

Feuer!

Au feu!

Feuerlöscher

extincteur

Unfall

accident

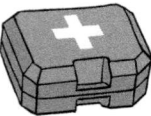

Erste-Hilfe-Koffer

trousse de premier secours

SOS

SOS

Polizei

police

Europa

Europe

Nordamerika

Amérique du Nord

Südamerika

Amérique du Sud

Afrika

Afrique

Asien

Asie

Australien

Australie

Atlantik

Océan atlantique

Pazifik

Océan pacifique

Indische Ozean

Océan indien

Antarktische Ozean

Océan antarctique

Arktische Ozean

Océan arctique

Nordpol

Pônord

Südpol

Pôsud

Antarktis

Antarctique

Erde

terre

Land

pays

Meer

mer

Insel

île

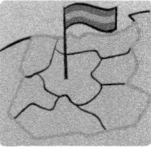

Nation

nation

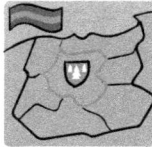

Staat

état

Ziffernblatt

cadran

Stundenzeiger

aiguille des heures

Minutenzeiger

aiguille des minutes

Sekundenzeiger

aiguille des secondes

Wie spät ist es?

Quelle heure est-il?

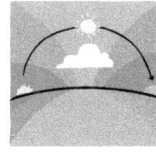

Tag

jour

Zeit

temps

jetzt

maintenant

Digitaluhr

montre digitale

Minute

minute

Stunde

heure

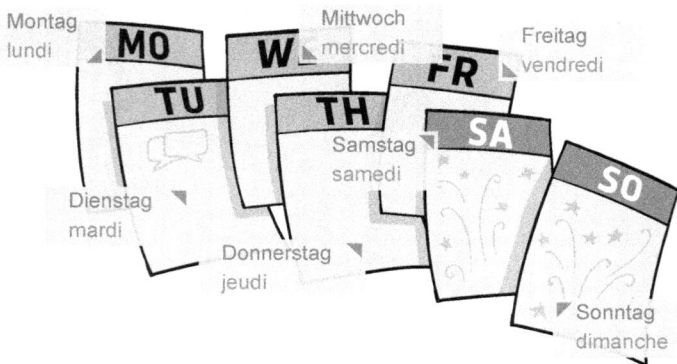

Montag / lundi
Mittwoch / mercredi
Freitag / vendredi
Dienstag / mardi
Donnerstag / jeudi
Samstag / samedi
Sonntag / dimanche

gestern
hier

heute
aujourd'hui

morgen
demain

Morgen
matin

Mittag
midi

Abend
soir

Arbeitstage
jours ouvrables

Wochenende
week-end

Regen
pluie

Regenbogen
arc-en-ciel

Schnee
neige

Wind
vent

Frühling
printemps

Herbst
automne

Sommer
été

Winter
hiver

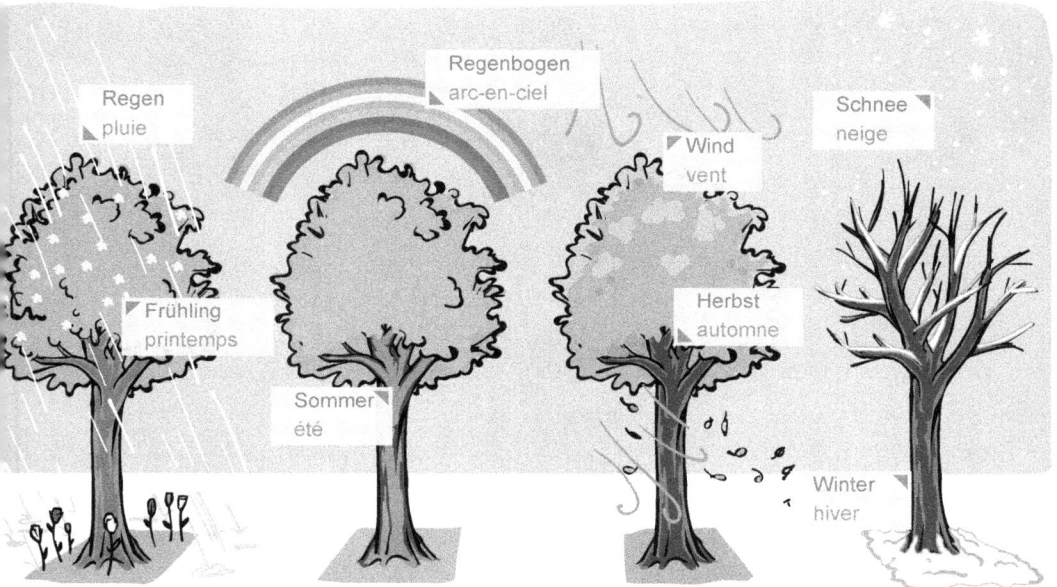

4.APRIL	11°	☀
5.APRIL	4°	☁
6.APRIL	13°	☂
7.APRIL	8°	❄
8.APRIL	10°	☀

Wettervorhersage
météo

Thermometer
thermomètre

Sonnenschein
lumière du soleil

Wolke
nuage

Nebel
brouillard

Luftfeuchtigkeit
humidité

Blitz

foudre

Donner

tonnerre

Sturm

tempête

Hagel

grêle

Monsun

mousson

Flut

inondation

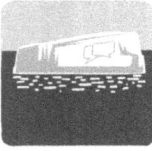

Eis

glace

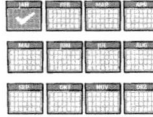

Jänner

janvier

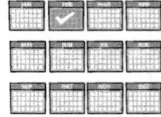

Februar

février

März

mars

April

avril

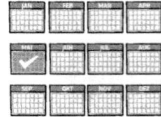

Mai

mai

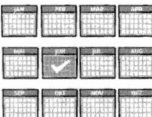

Juni

juin

Juli

juillet

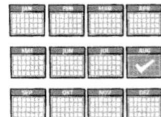

August

août

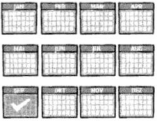

September
....
septembre

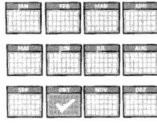

Oktober
....
octobre

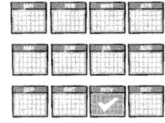

November
....
novembre

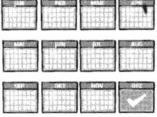

Dezember
....
décembre

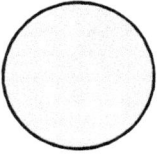

Kreis
....
cercle

Quadrat
....
carré

Rechteck
....
rectangle

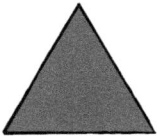

Dreieck
....
triangle

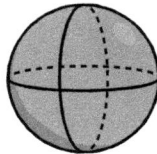

Kugel
....
sphère

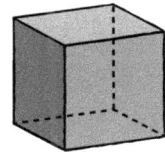

Würfel
....
cube

weiß
blanc

gelb
jaune

orange
orange

pink
rose

rot
rouge

lila
violet

blau
bleu

grün
vert

braun
marron

grau
gris

schwarz
noir

viel / wenig

beaucoup / peu

wütend / friedlich

fâché / calme

hübsch / hässlich

joli / laid

Anfang / Ende

début / fin

groß / klein

grand / petit

hell / dunkel

clair / obscure

Bruder / Schwester

frère / sœur

sauber / schmutzig

propre / sale

vollständig / unvollständig

complet / incomplet

Tag / Nacht

jour / nuit

tot / lebendig

mort / vivant

breit / schmal

large / étroit

genießbar / ungenießbar

comestible / incomestible

böse / freundlich

méchant / gentil

aufgeregt / gelangweilt

excité / ennuyé

dick / dünn

gros / mince

zuerst / zuletzt

premier / dernier

Freund / Feind

ami / ennemi

voll / leer

plein / vide

hart / weich

dur / souple

schwer / leicht

lourd / léger

Hunger / Durst

faim / soif

krank / gesund

malade / sain

illegal / legal

illégal / légal

gescheit / dumm

intelligent / stupide

links / rechts

gauche / droite

nah / fern

proche / loin

neu / gebraucht

nouveau / usé

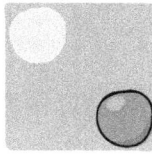

nichts / etwas

rien / quelque chose

alt / jung

vieux / jeune

an / aus

marche / arrêt

offen / geschlossen

ouvert / fermé

leise / laut

faible / fort

reich / arm

riche / pauvre

richtig / falsch

correct / incorrect

rau / glatt

rugueux / lisse

traurig / glücklich

triste / heureux

kurz / lang

court / long

langsam / schnell

lent / rapide

nass / trocken

mouillé / sec

warm / kühl

chaud / froid

Krieg / Frieden

guerre / paix

0

null

zéro

1

eins

un

2

zwei

deux

3

drei

trois

4

vier

quatre

5

fünf

cinq

6

sechs

six

7

sieben

sept

8

acht

huit

9

neun

neuf

10

zehn

dix

11

elf

onze

12
zwölf

douze

13
dreizehn

treize

14
vierzehn

quatorze

15
fünfzehn

quinze

16
sechzehn

seize

17
siebzehn

dix-sept

18
achtzehn

dix-huit

19
neunzehn

dix-neuf

20
zwanzig

vingt

100
hundert

cent

1.000
tausend

mille

1.000.000
Million

million

Englisch

anglais

Amerikanisches Englisch

anglais américain

Chinesisch (Mandarin)

chinois mandarin

Hindi

hindi

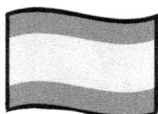

Spanisch

espagnol

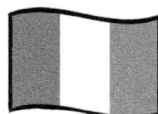

Französisch

français

Arabisch

arabe

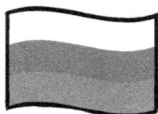

Russisch

russe

Portugiesisch

portugais

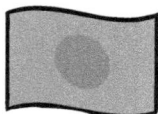

Bengalisch

bengali

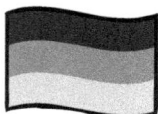

Deutsch

allemand

Japanisch

japonais

ich
je

du
tu

er / sie / es
il / elle

wir
nous

ihr
vous

sie
ils / elles

Wer?
qui?

Was?
quoi?

Wie?
comment?

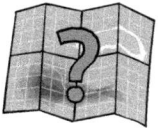

Wo?
où?

Wann?
quand?

Name
nom

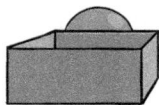

hinter

derrière

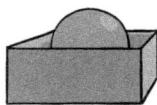

in

dans

vor

devant

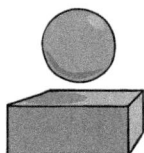

über

au-dessus

auf

sur

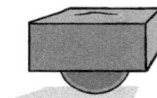

unter

en-dessous

neben

à côté de

zwischen

entre

Ort

lieu